성경대로 믿는 사람들을 위한

주제별 암송 구절

주의 말씀을
내 마음에 간직하였으니
이는 내가 주께 범죄치
아니하려 함이니이다.
시편 119:11

성경 암송의 이유와 방법

1. 왜 성경을 암송해야 하는가?

성경 암송은 하나님의 명령이다

『내가 오늘 네게 명령한 이 말씀들을 네 마음속에 두고 네 자손에게 그것들을 열심히 가르칠지니, 네가 네 집에 앉아 있을 때나, 네가 길을 걸을 때나 네가 누워 있을 때나 네가 일어날 때 그 말씀들에 관해 말할지니라』(신 6:6,7).

하나님의 뜻을 행하여 풍성한 영적 생활을 할 수 있다

『이 율법책을 네 입에서 떠나지 않게 하고 주야로 그 안에 있는 것을 묵상하여 그 안에 기록된 모든 것대로 지켜 행하라. 그리하면 네가 너의 길을 번영하게 만들 것이고 네가 좋은 성공을 이루리라』(수 1:8).

성경을 암송하면 영적 전쟁에서 승리할 수 있다

『너희는 마귀의 술책에 대항하여 설 수 있도록 하나님의 전신갑옷을 입으라... 또한 구원의 투구와 성령의 칼, 곧 하나님의 말씀을 가지고』(엡 6:11,17).

복음을 효과적으로 전파하고 가르칠 수 있다

성경을 암송하면 성령님의 인도에 따라 적시에 말씀을 사용하여 죄인들을 주님께 이겨올 수 있다.

『하나님의 말씀은 살아 있고 능력이 있어 양날이 있는 어떤 칼보다도 예리하여 혼과 영, 그리고 관절과 골수를 찔러 가르고 마음의 생각들과 의도들을 판별하느니라』(히 4:12).

또한 성경 지식을 체계적으로 정립하고 성경을 암송하면 다른 그리스도인들을 돕고 가르칠 수 있다(딤후 2:2).

2. 어떻게 성경을 암송할 것인가?

정확하게 이해하자

먼저 말씀을 잘 깨닫고 암송할 수 있도록 지혜를 주시기를 하나님께 기도하라(약 1:5). 암송하기 전에 그 구절의 의미를 올바로 이해하고 있는지 다시 점검하자. 우리 두뇌는 이해하지 못하는 무의미한 정보는 잘 암기하지 못한다.

적절하게 나누자

짧은 구절이라면 전체를 20회 정도 반복한다. 긴 구절은 나누어 암송하는 것이 좋다.

히브리서 4:12을 예로 들어 보면, 다음과 같이 적절히 네 부분으로 나눠서 반복하는 것이 편리하고 효과적이다.

1) "하나님의 말씀은 살아 있고 능력이 있어"
2) "양날이 있는 어떤 칼보다도 예리하여"
3) "혼과 영, 그리고 관절과 골수를 찔러 가르고"
4) "마음의 생각들과 의도들을 판별하느니라."

1)번 부분을 구절 주소와 함께 보지 않고 10회 정도 말하며 외우고, 2)번 부분도 그렇게 외운다. 그렇게 하고 나면 1)번과 2)번을 한 번 함께 외워 본다. 또 3)번 부분도 10회 정도 외우고 1)번과 2)번과 3)번을 한 번 함께 외운다. 4)번도 외우고 나면 1)번에서 4)번까지를 함께 외운다.

이제 구절 전체를 막히는 부분이 없는지 점검하면서 10회 정도 소리 내어 암송한다.

꾸준히 복습하자

새 구절보다 이미 외운 구절들을 언제나 사용할 수 있는 상태로 지키는 것이 더 중요하다. 그래서 다음의 예처럼 자신만의 복습 주기를 만들어 복습하면 좋다.

1) **7일간** : 첫날 20-25회 반복해 암송했다면, 다음 6일 동안은 그 구절을 10회 정도 보지 않고 반복한다.

2) **7주간** : 그런 후 7주 동안 일주일에 한 번 외운 구절을 3회 정도 반복하며 복습한다.

3) **3개월** : 이제 한 달에 1회 정도 복습하며 점검하여 완전히 자신의 것이 되게 한다.

개인에 따라 암송 횟수와 주기를 조금씩 변형할 수도 있다. 이처럼 시간의 간격을 늘려가며 복습하여 암송한 구절을 단기 기억에서 장기 기억으로 옮길 수 있다. 무엇보다 복습을 철저히 하자.

위와 같이 하나님의 말씀을 곱씹어 가며 복습 주기를 시행하면, 그 어떤 보물보다 소중한 하나님의 진리의 말씀들을 자신의 마음에 간직할 수 있는 것이다.

『그러므로 내가 주의 계명들을 금보다, 정녕, 정금보다 더 사랑하나이다』(시 119:127).

차 례

이 책에 인용된 성경 구절은
〈한글킹제임스성경〉입니다.

1. 복음 전파와 구원

1) 복음 전파의 사명
2) 구령자의 축복
3) 죄와 죄인들
4) 죄의 결과
5) 죄의 용서
6) 초청과 영접
7) 죄인들의 변명들
8) 구원의 지식

1) 복음 전파의 사명

➢ 담대하게 전파하라

내가 그리스도의 복음을 부끄러워하지 아니하노니 이는 이 복음이 믿는 모든 사람을 구원에 이르게 하는 하나님의 능력이 됨이라. 첫째는 유대인에게요, 또한 헬라인에게로다. (롬 1:16)

➢ 복음 전파의 의무

내가 복음을 전할지라도 내게 자랑할 것이 없으니 이는 내가 부득불 해야 할 일이기 때문이라. 만일 내가 복음을 전하지 아니하면 정녕 내게 화가 있으리라! (고전 9:16)

➢ 예수님의 지상 명령

"그러므로 너희는 가서 모든 민족들을 가르치고, 아버지와 아들과 성령의 이름으로 침례를 주며 내가 너희에게 명령한 모든 것을 가르쳐 지키게 하라. 보라, 내가 세상 끝까지 너희와 항상 함께 있으리라."고 하시더라. 아멘. (마 28:19,20)

2) 구령자의 축복

➢ 열매에 대한 약속

귀한 씨를 가지고 나가서 우는 자는 정녕 기쁨으로 그의 단들을 가지고 돌아오리로다. (시 126:6)

➢ 구령자의 축복

의로운 자의 열매는 생명의 나무니, 혼들을 이겨오는 자는 현명하니라. (잠 11:30)

현명한 자들은 창공의 광명처럼 빛날 것이요, 많은 사람을 의로 돌이키는 자들은 별들처럼 영원무궁토록 빛나리라. (단 12:3)

➢ 자랑의 면류관

우리의 소망이나, 기쁨이나, 자랑의 면류관이 무엇이냐? 그가 오실 때 우리 주 예수 그리스도 앞에 있을 너희가 아니겠느냐? (살전 2:19)

3) 죄와 죄인들

➢ 의인은 없음

기록된 바와 같으니 "의인은 없나니 없도다, 한 사람도 없도다. (롬 3:10)

➢ 태어나면서부터 죄인임

보소서, 내가 죄악 중에서 조성되었고 죄 중에서 내 어머니가 나를 배었나이다. (시 51:5)

➢ 모든 사람이 죄인임

이는 모든 사람이 죄를 지었으므로 하나님의 영광에 이르지 못하더니 (롬 3:23)

이런 연유로 한 사람에 의하여 죄가 세상으로 들어오고 그 죄에 의하여 사망이 왔으니 그리하여 모든 사람이 죄를 지었으므로 사망이 모든 사람에게 전달되었느니라. (롬 5:12)

4) 죄의 결과

➢ 죄의 결과

이는 죄의 삯은 사망이요, 하나님의 선물은 예수 그리스도 우리 주로 말미암은 영원한 생명이기 때문이라. (롬 6:23)

➢ 죽음 후의 심판

한 번 죽는 것은 사람들에게 정해진 것이고 그 뒤에 심판이 정해진 것같이 (히 9:27)

➢ 죄인은 지옥으로 감

악인은 지옥으로 돌려질 것이요, 하나님을 잊어버린 모든 민족들도 그러하리라. (시 9:17)

➢ 영원한 불못

그러나 두려워하는 자들과 믿지 아니하는 자들과 가증스런 자들과 살인자들과 음행하는 자들과 마술하는 자들과 우상 숭배하는 자들과 모든 거짓말하는 자들은 불과 유황이 타는 못에 참여하리니 이것이 둘째 사망이라."고 하시더라. (계 21:8)

> **꺼지지 않는 지옥불**

그곳에는 그들의 벌레도 죽지 않고, 불도 꺼지지 아니하느니라. (막 9:44)

> **피할 수 없는 심판**

보라, 너희는 주를 거역하여 죄를 지은 것이니, 반드시 너희의 죄가 너희를 찾아낼 것임을 알라. (민 32:23)

5) 죄의 용서

> **하나님의 사랑**

하나님께서 세상을 이처럼 사랑하셔서 그의 독생자를 주셨으니, 이는 그를 믿는 사람은 누구든지 멸망하지 않고 영생을 얻게 하려 하심이니라. (요 3:16)

> **피흘림이 필요함**

율법에 따르면 거의 모든 것이 피로써 정결케 되나니, 피흘림이 없이는 죄사함이 없느니라. (히 9:22)

➢ 보혈로 인한 용서

그의 아들 예수 그리스도의 피가 우리를 모든 죄에서 깨끗하게 하시느니라. (요일 1:7)

➢ 보혈로 인한 구속

그 안에서 우리가 그의 보혈을 통하여 구속, 곧 죄들의 용서함을 받았느니라. (골 1:14)

➢ 예수님의 죽으심과 장사와 부활

이는 성경대로 그리스도께서 우리의 죄들로 인하여 죽으시고 장사되셨다가 성경대로 셋째 날에 다시 살아나셔서 (고전 15:3,4)

➢ 예수님의 공로로 의롭게 됨

우리가 아직 죄인이었을 때 그리스도께서 우리를 위하여 죽으심으로써 하나님께서는 우리를 향한 그의 사랑을 나타내셨느니라. 그러므로 이제 그의 피로 의롭게 되었으니 더욱더 우리가 그를 통하여 진노로부터 구원받게 되리라. (롬 5:8,9)

➢ 예수님의 희생과 속죄

그가 친히 나무에 달린 자신의 몸으로 우리의 죄들을 담당하셨으니, 이는 우리가 죄들에는 죽고 의에는 살게 하려 하심이니라. 그가 채찍에 맞음으로 너희가 낫게 되었느니라. (벧전 2:24)

6) 초청과 영접

➢ 쉽게 구원받음

누구든지 주의 이름을 부르는 자는 구원을 받으리라. (롬 10:13)

➢ 초청

보라, 내가 문 앞에 서서 두드리노라. 누구든지 내 음성을 듣고 그 문을 열면 내가 그에게로 들어가서 그와 함께 먹으며 그도 나와 함께 먹으리라. (계 3:20)

이제 오라, 우리가 서로 변론하자. 주가 말하노니 너희 죄들이 주홍 같을지라도 눈같이 희게 될 것이요, 진홍처럼 붉을지라도 양털같이 되리라. (사 1:18)

➢ 영접

그러나 누구든지 그를 영접한 사람들에게는 하나님의 아들들이 되는 권세를 주셨으니, 즉 그의 이름을 믿는 사람들에게니라. (요 1:12)

➢ 마음으로 믿고 입으로 시인함

네가 네 입으로 주 예수를 시인하고 또 하나님께서 그를 죽은 자들로부터 살리신 것을 네 마음에 믿으면 구원을 받으리라. 이는 사람이 마음으로 믿어 의에 이르고 입으로 고백하여 구원에 이르기 때문이라. (롬 10:9,10)

➢ 아들을 믿으면 구원받음

아들을 믿는 자는 영생을 가졌고 그 아들을 믿지 않는 자는 생명을 보지 못하고 오히려 하나님의 진노가 그 사람 위에 머물러 있느니라. (요 3:36)

7) 죄인들의 변명들

➢ 잘못된 사상이나 진화론을 믿는 죄인

보라, 너희가 유익을 줄 수 없는 거짓말들을 신뢰하는도다. (렘 7:8)

➢ 영접을 미루려는 죄인

너희가 내일 일어날 일을 알지 못하나니 너희 생명이 무엇이냐? 잠깐 보이다가 사라지는 안개니라. (약 4:14)

말씀하시기를 "기뻐 받아들여진 때에 내가 네 말을 들었고 구원의 날에 너를 도왔도다." 하였으니, 보라, 지금이 기뻐 받아들여진 때요, 보라, 지금이 구원의 날이라. (고후 6:2)

➢ 종교를 신뢰하는 죄인

그러므로 다른 이에게는 구원이 없나니 이는 하늘 아래서 우리가 구원을 받을 수 있는 다른 이름을 인간에게 주신 적이 없음이라."고 하더라. (행 4:12)

예수께서 그에게 말씀하시기를 "나는 길이요 진리요 생명이라. 나로 말미암지 않고는 아버지께로 올 사람이 아무도 없느니라. (요 14:6)

➢ 행위를 주장하는 죄인

우리가 행한 의로운 행위에 의하지 않고 그의 자비하심에 따라 중생의 씻음과 성령의 새롭게 하심으로 우리를 구원하셨으니 (딛 3:5)

➢ 자기 의를 신뢰하는 죄인

그러나 우리는 다 불결한 것 같고, 우리의 모든 의는 더러운 걸레 같으며, 또 우리는 다 잎사귀처럼 시들며 우리의 죄악들은 바람처럼 우리를 옮겨갔나이다. (사 64:6)

➢ 하나님을 부인하는 죄인

어리석은 자는 자기 마음에 말하기를 "하나님은 없다." 하였도다. 그들은 부패하고 가증한 일들을 행하였으니, 선을 행하는 자가 아무도 없도다. (시 14:1)

➢ 거듭나지 못한 "교인"

예수께서 대답하시기를 "진실로 진실로 내가 너에게 말하노니, 사람이 물과 성령으로 태어나지 아니하면 하나님의 나라에 들어갈 수 없느니라. (요 3:5)

➢ 거부하는 죄인에 대한 경고

하나님을 알지 못하는 자들과 우리 주 예수 그리스도의 복음에 순종치 아니하는 자들을 불길 가운데서 벌하시리니 이런 자들은 주의 임재와 그의 능력의 영광으로부터 떠나 영원한 멸망의 형벌을 받게 될 것이라. (살후 1:8,9)

8) 구원의 지식

➢ 인간의 삼중성

화평의 하나님 바로 그분께서 너희를 온전히 거룩하게 하시고 너희의 온 영과 혼과 몸이 우리 주 예수 그리스도께서 오실 때까지 책망할 것이 없게 보존되기를 하나님께 기도하노라. (살전 5:23)

➢ 구원의 영원한 보장

내가 확신하노니 사망이나 생명이나, 천사들이나 정사들이나 권세들이나 현재의 일들이나 다가올 일들이나, 높음이나 깊음이나, 어떤 다른 피조물이라도 우리를 그리스도 예수 우리 주 안에 있는 하나님의 사랑에서 떼어 놓을 수 없으리라. (롬 8:38,39)

내가 그들에게 영생을 주노니 그들은 영원히 멸망하지 않을 것이며, 또 아무도 나의 손에서 그들을 빼앗지 못할 것이니라. 그들을 나에게 주신 나의 아버지는 만유보다 더 위대하시니, 아무도 나의 아버지 손에서 그들을 빼앗아 갈 수 없느니라. (요 10:28,29)

➢ 은혜로 말미암는 구원

너희가 믿음으로 말미암아 은혜로 구원을 받았으니 이것은 너희에게서 난 것이 아니요, 하나님의 선물이라. 행위에서 난 것이 아니니 아무도 자랑하지 못하게 하려 하심이라. (엡 2:8,9)

➢ 의롭게 됨

행함이 없어도 불경건한 자를 의롭다 하시는 그분을 믿는 사람에게는 그의 믿음이 의로 여겨지느니라. (롬 4:5)

➢ 거듭남

너희가 거듭난 것은 썩어질 씨로 된 것이 아니라 썩지 아니할 씨로 된 것이니 살아 있고 영원히 거하는 하나님의 말씀으로 되었느니라. (벧전 1:23)

➢ 양자 됨

너희가 아들들이므로 하나님께서 자기 아들의 영을 너희 마음속에 보내시어 아바, 아버지라 부르짖게 하셨느니라. (갈 4:6)

➢ 거룩하게 됨

너희 가운데도 이런 일을 행하였던 자들이 더러 있었으나 너희가 주 예수의 이름과 우리 하나님의 영으로 씻음을 받았고 거룩하게 되었으며 의롭게 되었느니라. (고전 6:11)

➢ 영원한 구속

염소와 송아지의 피로 아니하고 오직 자신의 피로 한 번 성소에 들어가셔서 우리를 위하여 영원한 구속을 이루셨느니라. (히 9:12)

➢ 영적 할례

또한 너희가 그의 안에서 손으로 하지 아니한 할례를 받았으니 곧 그리스도의 할례로 육신의 죄들의 몸을 벗어 버린 것이라. (골 2:11)

➢ 새로운 피조물이 됨

그러므로 누구든지 그리스도 안에 있으면 새로운 피조물이라. 옛 것들은 지나갔으니, 보라, 모든 것이 새롭게 되었도다. (고후 5:17)

➢ 구원의 목적

그가 우리를 위하여 자신을 주신 것은 우리를 모든 죄악에서 구속하시고 자신을 위해 정결케 하사 선한 일에 열심을 내는 독특한 백성이 되게 하려 하심이라. (딛 2:14)

➢ 진리의 지식에 이르라

하나님께서는 모든 사람이 구원을 받고 진리의 지식에 이르기를 원하시느니라. (딤전 2:4)

2. 승리하는 그리스도인의 생활

1) 성도의 필수적인 확신

2) 영적 삶의 견고한 기반

3) 영적 전쟁에서의 승리

   A. 하나님의 전신갑옷

   B. 육신을 이기라

   C. 세상을 이기라

   D. 마귀를 이기라

4) 응답받는 기도 생활

5) 하나님의 위대한 약속들

6) 하나님의 위대한 약속들(상황별)

7) 올바른 교회 생활

8) 성도의 소망

1) 성도의 필수적인 확신

➢ 구원의 확신

또 증거는 이것이니, 하나님께서 우리에게 영생을 주신 것과, 이 생명이 그의 아들 안에 있다는 것이라. 그 아들이 있는 자는 생명이 있고 하나님의 아들이 없는 자는 생명이 없느니라. (요일 5:11,12)

➢ 기도응답의 확신

지금까지는 너희가 내 이름으로 아무것도 구하지 아니하였으나 구하라. 그러면 받을 것이니 너희 기쁨이 충만케 하려 함이라. (요 16:24)

➢ 바른 성경에 대한 확신

하나님의 말씀은 살아 있고 능력이 있어 양날이 있는 어떤 칼보다도 예리하여 혼과 영, 그리고 관절과 골수를 찔러 가르고 마음의 생각들과 의도들을 판별하느니라. (히 4:12)

➢ 은혜의 확신

그러므로 우리가 은혜의 보좌로 담대히 나아가자. 이는 우리가 자비를 얻고 필요한 때에 도우시는 은혜를 발견하기 위함이라. (히 4:16)

➢ 승리의 확신

이는 하나님께로부터 태어난 자는 누구든지 세상을 이기기 때문이라. 세상을 이기는 승리는 이것이니, 곧 우리의 믿음이라. (요일 5:4)

➢ 인도하심의 확신

네 마음을 다하여 **주**를 신뢰하고, 네 자신의 명철을 의지하지 말라. 네 모든 길들에서 그를 인정하라. 그리하면 그가 네 길들을 지도하시리라. (잠 3:5,6)

➢ 내주하심의 확신

하나님께서는 이들에게 이방인들 가운데서 이 신비의 영광의 풍요함이 어떠한지를 알리고자 하셨으니 이 신비는 너희 안에 계신 그리스도시요, 곧 영광의 소망이라. (골 1:27)

➢ 용서의 확신

우리가 우리 죄들을 자백하면 그는 신실하시고 의로우셔서 우리 죄들을 용서하시며, 모든 불의에서 우리를 깨끗하게 하시느니라. (요일 1:9)

➢ 재림의 확신

이런 일들을 증거하신 분이 말씀하시기를 "반드시 내가 속히 오리라." 하시니라. 아멘. 그러하옵니다. 주 예수여, 오시옵소서. (계 22:20)

2) 영적 삶의 견고한 기반

➢ 하나님을 두려워하라

보라, 주를 두려워함이 곧 지혜요, 악에서 떠나는 것이 명철이니라. (욥 28:28)

➢ 하나님을 사랑하라

너는 네 마음을 다하고, 혼을 다하고, 생각을 다하고, 힘을 다하여 주 너의 하나님을 사랑하라. 이것이 첫째 계명이니라. (막 12:30)

➢ 예수 그리스도를 통해 살라

내가 그리스도와 함께 십자가에 못박혀 있으나 그럼에도 나는 살아 있노라. 그러나 내가 사는 것이 아니요, 그리스도께서 내 안에 사시는 것이라. 내가 이제 육신 안에서 사는 삶은 나를 사랑하시어 나를 위해 자신을 주신 하나님의 아들을 믿는 믿음으로 사는 것이라. (갈 2:20)

➢ 예수님을 위해 살라

그가 모든 사람을 위하여 죽으신 것은 산 자들이 이제부터는 더 이상 자신들을 위하여 살지 않고 자기들을 위하여 죽었다가 다시 살아나신 그분을 위하여 살게 하려는 것이라. (고후 5:15)

➢ 위의 것에 마음을 두라

그러므로 너희가 그리스도와 함께 살아났으면 위에 있는 것들을 구하라. 거기에는 그리스도께서 하나님의 오른편에 앉아 계시느니라. 위에 있는 것들에 너희 마음을 두고 땅에 있는 것들에 마음을 두지 말라. (골 3:1,2)

> **강건하고 담대하라**

내가 네게 명령하지 아니하였느냐? 강건하고 담대하라. 무서워 말고 낙심치 말라. 이는 주 네 하나님이 네가 어디로 가든지 너와 함께함이라. (수 1:9)

> **성령으로 충만하라**

술 취하지 말라. 그것은 방탕한 것이니 오직 성령으로 충만하라. (엡 5:18)

> **겸손하라**

이와 같이 너희 젊은이들아, 장로에게 복종하라. 너희 모두가 서로 복종하고 겸손함으로 옷입으라. 이는 하나님께서 교만한 자들을 대적하시고 겸손한 자들에게 은혜를 주심이니라. (벧전 5:5)

> **지속적으로 성장하라**

이뿐만 아니라 너희가 더욱 전심전력하여 너희의 믿음에 덕을, 덕에 지식을, 지식에 절제를, 절제에 인내를, 인내에 경건을, 경건에 형제 우애를, 형제 우애에 사랑을 더하라. (벧후 1:5-7)

> **예수님만 바라보라**

그리고 우리 믿음의 창시자요 완성자이신 예수를 바라보자. 그는 자기 앞에 놓인 즐거움을 위하여 십자가를 견디시고 수치를 개의치 아니하시더니 하나님의 보좌 오른편에 앉으셨느니라. (히 12:2)

3) 영적 전쟁에서의 승리

A. 하나님의 전신갑옷

> **전신갑옷을 입으라**

끝으로 나의 형제들아, 주 안에서와 그의 힘의 능력 안에서 강건하라. 너희는 마귀의 술책에 대항하여 설 수 있도록 하나님의 전신갑옷을 입으라. (엡 6:10,11)

> **대적을 알라**

이는 우리의 싸움이 혈과 육에 대항하는 것이 아니라 정사들과 권세들과 이 세상 어두움의 주관자들과 높은 곳들에 있는 영적 악에 대항하는 것이기 때문이니라. (엡 6:12)

➢ 서서 저항하라

그러므로 너희는 하나님의 전신갑옷을 입으라. 이는 너희가 악한 날에 저항할 수 있으며 또 모든 일을 다 이루기까지 서 있게 하기 위함이니라. (엡 6:13)

➢ 전사의 허리띠와 흉배

그러므로 서서 진리로 너희의 허리띠를 두르고 의의 흉배를 붙이고 (엡 6:14)

➢ 전사의 신발

화평의 복음을 준비한 것으로 너희 발에 신고 (엡 6:15)

➢ 전사의 방패

모든 것 위에 믿음의 방패를 가짐으로써 능히 너희가 악한 자의 모든 불붙은 화살을 끌 수 있을 것이라. (엡 6:16)

➢ 전사의 투구와 칼

또한 구원의 투구와 성령의 칼, 곧 하나님의 말씀을 가지고 (엡 6:17)

➢ 전사의 저력

모든 기도와 간구로 항상 성령 안에서 기도하고 이를 위하여 모든 성도들을 위해 모든 인내와 간구로 깨어 있으라. (엡 6:18)

B. 육신을 이기라

➢ 죽었음을 알라

우리가 이것을 아나니 곧 우리 옛 사람이 그와 함께 십자가에 못박힌 것은 죄의 몸을 멸하여 더 이상 우리가 죄에게 종 노릇 하지 않게 하기 위함이니라. (롬 6:6)

➢ 죽은 자로 여기라

이와 같이 너희도 너희 자신을 정녕 죄에게는 죽은 자요, 예수 그리스도 우리 주로 말미암아 하나님께는 산 자로 여기라. (롬 6:11)

➢ 성령을 따라 행하라

너희가 육신을 따라 살면 죽을 것이나 성령을 통하여 몸의 행실을 죽이면 살리라. (롬 8:13)

➢ 하나님께 드리라

또 너희 지체를 불의의 병기로 죄에게 내어주지 말고 다만 너희 자신을 죽은 자들로부터 살아난 자들처럼 하나님께 드리며 너희 지체를 의의 병기로 하나님께 드리라. (롬 6:13)

➢ 보혈로 죄를 극복하라

하물며 영원하신 성령을 통하여 흠 없는 자신을 하나님께 드린 그리스도의 피가 어찌 죽은 행실에서 너희 양심을 정결케 하여 살아 계신 하나님을 섬기게 하지 못하겠느냐? (히 9:14)

➢ 속지 말라

속지 말라; 하나님은 우롱당하지 아니하시느니라. 이는 사람이 무엇을 심든지 그대로 거둘 것이기 때문이라. 자신의 육신에 심는 자는 육신으로부터 썩은 것을 거두고 성령에 심는 자는 성령으로부터 영생을 거두리라. (갈 6:7,8)

➢ 생각들을 복종시키라

여러 가지 구상과 하나님을 아는 지식을 거역하여 스스로 추켜세운 모든 높은 것들을 무너뜨리며 모든 생각을 사로잡아서 그리스도께 복종케 하니 (고후 10:5)

C. 세상을 이기라

➢ 십자가를 적용하라

그러나 나에게는 우리 주 예수 그리스도의 십자가 외에는 결코 자랑할 것이 없나니 그로 인하여 세상이 나에게 십자가에 못박히고 나도 세상에게 그러하니라. (갈 6:14)

➢ 세상을 사랑하지 말라

세상도, 세상에 있는 것들도 사랑하지 말라. 누구든지 세상을 사랑하면 아버지를 사랑함이 그 안에 있지 아니하니 이는 세상에 있는 모든 것이 육신의 정욕과 안목의 정욕과 생의 자랑이요, 아버지께 속한 것이 아니라 세상에 속한 것이기 때문이라. (요일 2:15,16)

➢ 악한 사귐에서 성별하라

믿지 않는 자들과 멍에를 같이 메지 말라. 의가 불의와 어찌 관계를 맺으며 빛이 어두움과 어찌 사귀겠느냐? (고후 6:14)

미혹되지 말라. 악한 사귐은 좋은 행실을 부패시키느니라. (고전 15:33)

D. 마귀를 이기라

➢ 사탄의 정체

오 아침의 아들 루시퍼야; 네가 어찌 하늘에서 떨어졌느냐! 민족들을 연약하게 하였던 네가 어찌 땅으로 끊어져 내렸느냐! (사 14:12)

➢ 이 세상의 신, 사탄

그들 가운데 이 세상의 신이 믿지 않는 자들의 마음을 어둡게 하여 하나님의 형상이신 그리스도의 영광스러운 복음의 광채가 그들에게 비치지 못하게 하느니라. (고후 4:4)

➢ 사탄의 미혹

이것은 놀랄 일이 아니니 이는 사탄도 자신을 빛의 천사로 가장하기 때문이라. (고후 11:14)

➢ 틈을 주지 말라

화를 내되 죄는 짓지 말고 해가 지도록 분노를 품지 말며 마귀에게 틈을 주지 말라. (엡 4:26,27)

➢ 마귀를 대적하라

그러므로 하나님께 복종하라. 마귀를 대적하라. 그리하면 그가 너희로부터 도망하리라. (약 4:7)

➢ 믿음으로 대적하라

정신을 차리고 깨어 있으라. 이는 너희의 대적 마귀가 울부짖는 사자처럼 삼킬 자를 찾아 두루 다니기 때문이니라. 믿음 안에 굳게 서서 그를 대적하라. 이는 세상에 있는 너희 형제들도 동일한 고난을 당하는 줄을 앎이니라. (벧전 5:8,9)

➢ 영들을 시험하라

사랑하는 자들아, 모든 영을 다 믿지 말고 그 영들이 하나님께 속하였는지 시험하라. 이는 많은 거짓 선지자들이 세상에 나왔음이니라. (요일 4:1)

➢ 영적 무기를 사용하라

우리의 전쟁 무기는 육신적인 것이 아니요, 오직 하나님을 통하여 견고한 요새들을 무너뜨리는 능력이라. (고후 10:4)

➢ 보혈로 마귀를 이기라

그들이 어린양의 피와 자기들이 증거한 말로 그를 이겼으니, 그들은 죽기까지 자기들의 생명을 사랑하지 아니하였도다. (계 12:11)

➢ 내주하시는 주님을 의지하라

어린 자녀들아, 너희는 하나님께 속하였고 또 그들을 이겼으니, 이는 너희 안에 계신 분이 세상에 있는 자보다 더 크시기 때문이라. (요일 4:4)

➢ 훌륭한 군사가 되라

그런즉 너는 예수 그리스도의 훌륭한 군사로서 고난을 견뎌 내라. 전쟁에 임하는 자는 아무도 이생의 일들에 얽매이지 아니하나니 이는 자기를 군사로 뽑은 자를 기쁘게 하려 함이라. (딤후 2:3,4)

4) 응답받는 기도 생활

➢ 찬양(Adoration)

오, 오라, 우리가 경배하며 절하자. 우리가 우리를 만드신 **주** 앞에 무릎을 꿇자. (시 95:6)

➢ 자백(Confession)

자기 죄들을 숨기는 자는 번성하지 못할 것이나, 죄들을 자백하고 버리는 자는 누구나 자비를 얻으리라. (잠 28:13)

➢ 감사(Thanksgiving)

아무것도 염려하지 말고 다만 모든 일에 기도와 간구로 너희의 구하는 것들을 감사함으로 하나님께 알려지게 하라. (빌 4:6)

➢ 간구(Supplication)

그러므로 내가 무엇보다도 먼저 권하노니, 모든 사람을 위하여 간구와 기도와 중보와 감사를 하되 (딤전 2:1)

➢ 하나님을 부르라

나를 부르라. 그리하면 내가 네게 응답하겠고 네가 알지 못하는 크고 능력 있는 일들을 네게 보이리라. (렘 33:3)

➢ 먼저 하나님의 나라를 구하라

오히려 너희는 먼저 하나님의 나라와 그분의 의를 구하라. 그리하면 이 모든 것을 너희에게 더해 주시리라. (마 6:33)

➢ 믿음으로 구하라

그러나 믿음이 없이는 하나님을 기쁘시게 할 수 없나니, 하나님께 나아가는 자는 그분이 존재하시는 것과 그분이 자기를 열심히 찾는 자들에게 보상하는 분이심을 마땅히 믿어야 하느니라. (히 11:6)

➢ 받은 것으로 믿으라

그러므로 내가 너희에게 말하노니, 너희가 기도할 때에 바라는 것들은 무엇이나 받은 것으로 믿으라. 그리하면 너희 것이 되리라. (막 11:24)

➢ 구하고 찾고 두드리라

또 내가 너희에게 말하노니 구하라 그러면 너희에게 주실 것이요, 찾으라 그러면 너희가 찾을 것이요, 두드리라 그러면 너희에게 열릴 것이라. (눅 11:9)

➢ 기도 응답의 조건 - 계명들을 지키라

무엇이든지 구하는 것을 그에게서 받나니, 이는 우리가 그의 계명들을 지키고 그의 목전에 기쁨이 되는 일들을 행함이라. (요일 3:22)

➢ 기도 응답의 조건 - 하나님의 뜻대로 구하라

우리가 그의 안에서 가지는 담대함이 이것이니, 그의 뜻대로 무엇이든지 구하면, 그가 우리를 들으시는 것이라. 우리가 구하는 것은 무엇이나 그가 들으시는 줄을 안다면, 우리가 그에게 구한 요청들을 받은 줄도 아느니라. (요일 5:14,15)

➢ 기도 응답의 조건 - 용서하라

너희가 서서 기도할 때에 만일 어떤 사람과 적대 관계에 있다면 그를 용서하라. 그러면 하늘에 계신 너희 아버지께서도 너희 허물을 용서하시리라.(막 11:25)

➢ 기도 응답의 조건 - 말씀을 실행하라

너희가 내 안에 거하고 내 말들이 너희 안에 거하면 너희가 원하는 것은 무엇이나 구하라. 그러면 너희에게 이루어지리라. (요 15:7)

➢ 기도 응답의 방해물 - 죄

오직 너희 죄악들이 너희와 너희 하나님 사이를 나누었고 너희 죄들이 그의 얼굴을 너희로부터 가렸기에 그가 듣지 아니하심이라. (사 59:2)

➢ 기도 응답의 방해물 - 이기심

너희가 갈망하여도 얻지 못하고, 너희가 살인하고 갖고자 열망하여도 얻을 수 없으며, 너희가 다투고 싸워도 얻지 못하니 이는 너희가 구하지 않기 때문이라. 구하여도 받지 못함은 너희 정욕에다 쓰려고 잘못 구하기 때문이라. (약 4:2,3)

➢ 기도 응답의 방해물 - 의심

오직 믿음으로 구하고 아무것도 의심하지 말라. 의심하는 자는 마치 바람에 밀려 요동하는 바다 물결과 같으니 그 사람은 주께로부터 어떤 것이든 받으리라 생각하지 말라. (약 1:6,7)

➢ 기도 응답의 방해물 - 우상

인자야, 이 사람들은 자기들의 마음속에 자기들의 우상들을 세워 놓고 그들의 얼굴 앞에 그들의 죄악의 방해물을 놓았으니 그들로 내게 조금이라도 묻게 하랴? (겔 14:3)

➢ 기도 응답의 방해물 - 원망

형제들아, 정죄받지 않으려거든 서로 원망하지 말라. 보라, 심판하시는 분이 문 앞에 서 계시니라. (약 5:9)

➢ 기도 응답의 방해물 - 가혹함

남편들아, 너희 아내를 사랑하고 가혹하게 대하지 말라. (골 3:19)

5) 하나님의 위대한 약속들

➢ 능력을 주심

내게 능력 주시는 그리스도를 통하여 내가 모든 것을 할 수 있느니라. (빌 4:13)

➢ 지혜를 주심

너희 중에 누가 지혜가 부족하면, 모든 사람에게 아낌없이 주시고 꾸짖지 아니하시는 하나님께 구하라. 그러면 그분께서 주실 것이라. (약 1:5)

➢ 값없이 주심

자기 아들을 아끼지 아니하시고 우리 모든 사람을 위하여 내어주신 분이 어찌 그 아들과 함께 또한 모든 것을 우리에게 값없이 주시지 아니하겠느냐? (롬 8:32)

➢ 평강을 주심

아무것도 염려하지 말고 다만 모든 일에 기도와 간구로 너희의 구하는 것들을 감사함으로 하나님께 알려지게 하라. 그리하면 모든 지각을 초월하시는 하나님의 평강이 그리스도 예수 안에서 너희의 마음과 생각을 지키시리라. (빌 4:6,7)

➢ 시험을 이김

사람에게 흔히 닥치는 시험 외에는 너희가 당한 것이 없나니 하나님께서는 신실하셔서 너희가 감당할 수 있는 것 이상으로 시험을 당하지 않게 하시고 시험을 당하면 피할 길도 마련하셔서 너희로 능히 감당케 하시느니라. (고전 10:13)

➢ 승리를 주심

그러나 우리 주 예수 그리스도를 통하여 우리에게 승리를 주시는 하나님께 감사하노니, 그러므로 나의 사랑하는 형제들아, 견고하라, 흔들리지 말라, 항상 주의 일을 넘치게 하라. 이는 너희의 수고가 주 안에서 헛되지 아니한 줄을 너희가 앎이니라. (고전 15:57,58)

> 항상 승리하게 하심

항상 우리를 그리스도 안에서 승리하게 하시고 또 어느 곳에서나 우리로 하여금 그분에 관한 지식의 향기를 나타내게 하시는 하나님께 이제 감사하노라. (고후 2:14)

> 필요를 채우심

그러나 나의 하나님께서 그리스도 예수를 통하여 영광 가운데서 그의 풍요함을 따라 너희의 모든 필요를 채워 주실 것이라. (빌 4:19)

> 새로운 힘

오직 주를 앙망하는 자는 자기의 힘을 새롭게 하리니 독수리처럼 날개로 치솟을 것이요, 그들이 달려도 피곤치 않으며 걸어도 곤비치 아니하리라. (사 40:31)

> 보호하심

주께서는 나를 모든 악한 일에서 구해 내시고, 그의 하늘나라에 이르기까지 나를 보호하시리니, 영광이 그분께 영원무궁토록 있기를 원하노라. 아멘. (딤후 4:18)

➢ 완전한 화평

주께서는 마음을 주께 의탁하는 사람을 완전한 화평 속에 지키시리니 이는 그 사람이 주를 의뢰함이니이다. (사 26:3)

➢ 영원한 힘

너희는 주를 영원히 의뢰하라. 이는 **주 여호와** 안에 영원한 힘이 있음이라. (사 26:4)

➢ 좋은 것들

주 하나님은 태양이시요, 방패시니 **주**께서 은혜와 영광을 주시며 정직하게 행하는 자들에게 좋은 것을 아끼지 아니하시리이다. (시 84:11)

6) 하나님의 위대한 약속들

➢ 마음의 힘이 필요할 때

너는 **주**를 기다리라. 담대하라. 그리하면 그가 네 마음에 힘을 주시리라. 내가 말하노니 **주**를 기다리라. (시 27:14)

➢ 용기가 필요할 때

담대하라. 주를 바라는 너희 모든 자들아, 그가 너희 마음에 힘을 주시리라. (시 31:24)

➢ 올바른 선택을 할 때

주를 두려워하는 자는 어떤 사람인가? 주께서 그에게 택할 길을 가르쳐 주시리라. (시 25:12)

➢ 두려울 때

그러므로 우리가 담대히 말하기를 "주는 나를 돕는 분이시니, 사람이 내게 무엇을 하든지 내가 두려워하지 아니하리라." 하노라. (히 13:6)

➢ 병을 앓을 때

주께서는 병상에서 그에게 힘을 돋우시며 그의 병든 때에 그의 모든 침상을 고치시리이다. (시 41:3)

➢ 분별력이 필요할 때

만일 누구든지 그분의 뜻을 행하려고 한다면, 그 교리가 하나님으로부터 온 것인지 아니면 내가 내 자신에 관하여 말하는 것인지 알게 되리라. (요 7:17)

➢ 외로울 때

너희의 생활방식에 탐욕이 없도록 하고 현재 가진 것들로 만족하라. 이는 그가 말씀하시기를 "내가 너를 떠나지 아니하고 너를 버리지 아니하리라."고 하셨음이라. (히 13:5)

➢ 역경에 처했을 때

그러나 의인들의 구원은 **주**께 있으니 그는 고난의 때에 그들의 힘이시라. (시 37:39)

➢ 사람으로 인해 속상할 때

주 안에서 쉬고 인내하며 그를 기다리라. 자기 길에서 번성하는 사람, 곧 악한 계책을 성사시키는 사람으로 인하여 초조해 하지 말라. (시 37:7)

➢ 참된 성공을 원할 때

이 율법책을 네 입에서 떠나지 않게 하고 주야로 그 안에 있는 것을 묵상하여 그 안에 기록된 모든 것대로 지켜 행하라. 그리하면 네가 너의 길을 번영하게 만들 것이고 네가 좋은 성공을 이루리라. (수 1:8)

➢ 위로가 필요할 때

하나님을 송축하리로다. 그는 우리 주 예수 그리스도의 아버지시요, 자비의 아버지시요, 모든 위로의 하나님이시며 우리의 모든 환난 가운데서 우리를 위로하시는 분이시라. 그러므로 우리 자신이 하나님께 받은 위로로써 어떠한 고난 중에 있는 사람들도 위로할 수 있는 것이라.(고후 1:3,4)

➢ 고난의 날에

고난의 날에 나를 부르라. 내가 너를 구해 낼 것이요, 너는 나를 영화롭게 하리라. (시 50:15)

➢ 나이 들고 연약해질 때

늙은 때에 나를 버리지 마시고 내 기력이 쇠할 때에 나를 내버리지 마소서. (시 71:9)

이제 내가 늙고 백발이 된 후에도 오 하나님이여, 나를 버리지 마소서. 내가 주의 능력을 이 세대에 전하고 또 주의 권능을 장차 올 모든 사람에게 전할 때까지 나를 버리지 마소서. (시 71:18)

> **일의 성취를 원할 때**

너의 길을 주께 맡기고 또 그를 신뢰하라. 그리하면 그가 이루어 주시리라. (시 37:5)

7) 올바른 교회 생활

> **침례**

물은 예수 그리스도의 부활하심으로 인하여 이제 우리를 구원하는 모형이니, 곧 침례라. (이것은 육체의 더러움을 제거하는 것이 아니라 하나님을 향한 선한 양심의 응답이라.) (벧전 3:21)

> **경배**

하나님은 한 영이시니 그분께 경배드리는 자들은 영과 진리로 경배드려야만 하리라. (요 4:24)

> **찬양과 감사**

그러므로 우리가 그분을 통해서 찬양의 제물을 하나님께 계속해서 드리자. 이것이 그의 이름에 감사하는 우리 입술의 열매니라. (히 13:15)

➢ 헌신

그러므로 형제들아, 내가 하나님의 모든 자비하심으로 너희에게 권고하노니, 너희 몸을 하나님께서 기뻐하시는 거룩한 산 제물로 드리라. 이것이 너희가 드릴 합당한 예배니라. 너희는 이 세상과 일치하지 말고 너희 마음을 새롭게 함으로써 변화를 받아 하나님의 선하시고 기뻐하시고 온전하신 뜻이 무엇인지 입증하도록 하라. (롬 12:1,2)

➢ 헌금

각 사람은 미리 마음속에 정한 대로 할 것이요, 인색함이나 억지로는 하지 말아야 하리니 이는 하나님께서는 기쁨으로 드리는 자를 사랑하심이니라. (고후 9:7)

➢ 순종

너희를 다스리는 자들에게 순종하며 복종하라. 그들은 너희 혼들을 위해 깨어 있기를 자기들이 마땅히 설명해야 할 것처럼 하느니라. 그들로 기쁨으로 하게 하고 슬픔으로 하지 않게 하라. 이는 그것이 너희에게 유익이 없음이라. (히 13:17)

➢ 형제 사랑

너희가 성령을 통하여 진리에 순종함으로써 너희 혼들을 정결케 하여 가식 없는 형제 사랑에 이르렀으니 순결한 마음으로 서로 뜨겁게 사랑하라. (벧전 1:22)

➢ 서로 섬김

각 사람이 받은 은사대로, 하나님의 다양한 은혜를 맡은 선한 청지기같이 서로 섬기라. (벧전 4:10)

➢ 빛 가운데서의 교제

그러나 그분이 빛 가운데 계신 것같이 우리도 빛 가운데 행하면 우리가 서로 간에 교제가 있게 되고, 그의 아들 예수 그리스도의 피가 우리를 모든 죄에서 깨끗하게 하시느니라. (요일 1:7)

➢ 함께 기뻐하고 슬퍼함

만일 한 지체가 고통을 받으면 모든 지체가 그와 함께 고통을 받으며 만일 한 지체가 영광을 얻으면 모든 지체가 함께 기뻐하느니라. (고전 12:26)

➢ 서로 세워 줌

그러므로 화평을 위한 일과 서로를 세워 주는 일들을 따라야 할지니라. (롬 14:19)

➢ 모이기를 힘씀

어떤 사람들의 습관처럼 우리 자신들이 함께 모이는 것을 저버리지 말고 서로 권면하여 그 날이 가까워 오는 것을 볼수록 더욱 그리하자. (히 10:25)

➢ 성령의 하나 됨

화평의 띠 안에서 성령의 하나 됨을 지키도록 열심히 노력하라. (엡 4:3)

8) 성도의 소망

➢ 복된 소망

그 복된 소망, 곧 위대한 하나님이신 우리 구주 예수 그리스도의 영광스러운 나타나심을 기다리게 하셨음이니, (딛 2:13)

➢ 성도의 기대

우리의 시민권은 하늘에 있으므로 우리가 그곳으로부터 오실 구주이신 주 예수 그리스도를 기다리고 있으니 그가 만물을 자신에게 복종시키는 그 능력의 역사로 인하여 우리의 천한 몸을 그분의 영광스러운 몸같이 변모시키시리라. (빌 3:20,21)

➢ 주님과 같이 변화됨

사랑하는 자들아, 이제는 우리가 하나님의 아들들이라. 우리가 어떻게 될 것인지는 아직 나타나지 아니하였으나 그가 나타나시면 우리가 그와 같이 되리라는 것을 아노니, 이는 우리가 그분 그대로 그분을 볼 것이기 때문이라. (요일 3:2)

➢ 부활과 휴거

주께서 호령과 천사장의 음성과 하나님의 나팔 소리와 함께 하늘로부터 친히 내려오시리니 그러면 그리스도 안에서 죽은 자들이 먼저 일어나고 그리고 나서 살아남아 있는 우리도 공중에서 주와 만나기 위하여 그들과 함께 구름 속으로 끌려 올라가리니, 그리하여 우리가 영원히 주와 함께 있으리라. (살전 4:16,17)

➢ 정결하게 기다림

그분 안에서 이 소망을 가지는 사람은 누구나 그분이 정결하신 것처럼 자신을 정결케 하느니라. (요일 3:3)

➢ 그리스도의 심판석

이는 우리 모두가 반드시 그리스도의 심판석 앞에 나아가서 선이든지 악이든지 각자 자기가 행한 것에 따라, 자기 몸으로 행한 것들을 받을 것이기 때문이라. (고후 5:10)

➢ 의의 면류관

이후로는 나를 위하여 의의 면류관이 마련되어 있어 의로운 재판관이신 주께서 그 날에 그것을 내게 주실 것이며 또 나뿐만 아니라 그의 나타나심을 사모하는 모든 사람에게도 주실 것이라. (딤후 4:8)

➢ 자랑의 면류관

우리의 소망이나, 기쁨이나, 자랑의 면류관이 무엇이냐? 그가 오실 때 우리 주 예수 그리스도 앞에 있을 너희가 아니겠느냐? (살전 2:19)

➢ 영광의 면류관

하나님께서 맡겨 주신 자들을 지배하려 하지 말고 오직 양무리의 본이 되라. 그리하면 목자장이 나타나실 때 너희가 시들지 않는 영광의 면류관을 받으리라. (벧전 5:3,4)

➢ 썩지 않을 면류관

이기려고 애쓰는 사람은 누구나 모든 일에 자제하나니 이제 그들은 썩어질 면류관을 받으려 하지만 우리는 썩지 않을 면류관을 받고자 함이라. (고전 9:25)

➢ 생명의 면류관

시험을 견뎌 내는 자는 복이 있도다. 이는 그가 시련을 거친 후에 주께서 자기를 사랑하는 자들에게 약속하신 생명의 면류관을 받을 것이기 때문이라. (약 1:12)

➢ 쇠잔하지 않는 유업

너희를 위하여 하늘에 썩지 않고 더럽지 않고 쇠잔하지 않는 유업을 간직해 두셨으니 너희는 마지막 때에 나타내려고 예비하신 구원을 얻기 위하여 믿음으로 말미암아 하나님의 능력으로 보호받고 있느니라. (벧전 1:4,5)

➢ 주님과 함께 통치함

우리가 참으면 우리도 그와 함께 다스릴 것이요 우리가 그를 부인하면 그도 우리를 부인할 것이라. (딤후 2:12)

➢ 주님과 함께 통치함

하나님 그의 아버지를 위하여 우리를 왕들과 제사장들로 삼으신 그분께 영광과 권세가 영원무궁토록 있을지어다. 아멘. (계 1:6)

➢ 칭찬과 존귀와 영광

너희 믿음의 시련이, 불로써 단련될지라도 없어져 버리는 금보다 훨씬 더 귀하게 되어 예수 그리스도께서 나타나실 때에 칭찬과 존귀와 영광을 받게 하려 함이니라. (벧전 1:7)

➢ 영광을 기대하며 인내함

이는 우리가 잠시 받는 가벼운 환난이 우리를 위하여 훨씬 뛰어난 영원한 영광의 비중을 이루어 가기 때문이라. 우리가 바라보는 것은 보이는 것들이 아니요, 보이지 않는 것들이라. 이는 보이는 것들은 잠깐뿐이지만 보이지 않는 것들은 영원하기 때문이라. (고후 4:17,18)

3. 진리의 지식을 향하여

1) 성경에 관하여
2) 하나님에 관하여
3) 예수님에 관하여
4) 성령님에 관하여
5) 예언에 관하여

1) 성경에 관하여

➢ 성경의 영감

모든 성경은 하나님의 영감으로 주어진 것으로 교리와 책망과 바로잡음과 의로 훈육하기에 유익하니 이는 하나님의 사람이 온전하게 되며, 모든 선한 일에 철저히 구비되게 하려 함이니라. (딤후 3:16,17)

➢ 성경의 보존

주의 말씀들은 순수한 말씀들이라. 흙 도가니에서 단련되어 일곱 번 정화된 은 같도다. 오 주여, 주께서 이 말씀들을 간수하시리니 주께서 이 세대로부터 영원토록 그것들을 보존하시리이다. (시 12:6,7)

➢ 성경을 믿으라

이로 인하여 우리가 하나님께 쉬지 않고 감사함은 너희가 우리에게 들은 바 하나님의 말씀을 받을 때에 사람들의 말로 받아들이지 아니하고 사실 그대로 하나님의 말씀으로 받았음이니, 이 말씀이 믿는 너희 가운데서도 효과적으로 역사하느니라. (살전 2:13)

➢ 성경을 상고하라

성경을 상고하라. 이는 너희가 성경에 영생이 있다고 생각함이니, 그 성경은 나에 관하여 증거하고 있음이라. (요 5:39)

➢ 성경을 공부하라

네가 진리의 말씀을 올바로 나누어 자신이 하나님 앞에 부끄럽지 않은 일꾼으로 인정받도록 공부하라. (딤후 2:15)

➢ 성경을 실행하라

너희가 나를 사랑하면 나의 계명들을 지키라. (요 14:15)

➢ 성경을 전파하라

너는 말씀을 전파하라. 때를 얻든지 못 얻든지 항상 대비하라. 모든 오래 참음과 교리로 견책하고 책망하며 권고하라. (딤후 4:2)

➢ 말씀은 꿀과 같다

주의 말씀들이 내 입맛에 어찌 그리 단지요! 정녕, 내 입에 꿀보다 더 다니이다. (시 119:103)

> **말씀은 등불과 빛과 같다**

주의 말씀은 내 발에 등불이요, 내 길에 빛이니이다. (시 119:105)

> **말씀은 사과와 같다**

적합하게 한 말은 은 그림들에 있는 금사과들 같으니라. (잠 25:11)

> **말씀은 불과 큰 망치와 같다**

주가 말하노라. 내 말이 불 같지 아니하냐? 바위를 부수어 조각내는 큰 망치 같지 아니하냐? (렘 23:29)

> **말씀은 빵과 같다**

"기록되었으되 '사람이 빵으로만 사는 것이 아니요 하나님의 입에서 나오는 모든 말씀으로 사느니라.'고 하였느니라." (마 4:4)

> **말씀은 고기와 같다**

내가 너희를 젖으로 먹이고 고기로 먹이지 아니하였으니 이는 너희가 지금까지 소화시킬 수 없었음이요, 아직도 그러하니라. (고전 3:2)

➢ 말씀은 찌르는 막대기와 못과 같다

현명한 자의 말들은 찌르는 막대기들 같고, 집회의 선생들에 의해 박힌 못들 같으니, 한 목자에게서 받은 것이라. (전 12:11)

➢ 말씀은 씨앗과 같다

너희가 거듭난 것은 썩어질 씨로 된 것이 아니라 썩지 아니할 씨로 된 것이니 살아 있고 영원히 거하는 하나님의 말씀으로 되었느니라. (벧전 1:23)

➢ 말씀은 젖과 같다

갓난 아기들로서 순수한 말씀의 젖을 사모하라. 이는 너희가 그것으로 인하여 자라게 하려 함이니라. (벧전 2:2)

➢ 말씀은 거울과 같다

누구든지 말씀을 듣기만 하는 자가 되고 행하는 자가 되지 아니하면, 그는 거울로 자기의 타고난 얼굴을 보는 사람과 같으니, (약 1:23)

➢ 말씀은 칼과 같다

하나님의 말씀은 살아 있고 능력이 있어 양날이 있는 어떤 칼보다도 예리하여 혼과 영, 그리고 관절과 골수를 찔러 가르고 마음의 생각들과 의도들을 판별하느니라. (히 4:12)

➢ 말씀을 받는 바른 자세

그 모든 것들을 나의 손으로 지었으며, 그 모든 것들을 내가 이루었느니라. 주가 말하노라. 그러나 이러한 사람은 내가 보살피리니 곧 영이 가난하고 통회하고 내 말에 떠는 자라. (사 66:2)

➢ 성경 변개에 대한 경고

이는 내가 이 책의 예언의 말씀들을 듣는 각 사람에게 증거함이니 누구든지 이것들에 더하면 하나님께서 이 책에 기록된 재앙들을 그에게 더하실 것이요 또 누구든지 이 예언의 책의 말씀들에서 삭제하면 하나님께서 생명의 책과 거룩한 도성과 이 책에 기록된 것들에서 그의 부분을 제하여 버리시리라. (계 22:18,19)

> 말씀의 기근

주 **하나님**이 말하노니, 보라, 그 날들이 오리라. 내가 그 땅에 기근을 보내리니 빵의 기근도 아니요, 물로 인한 갈증도 아니라 오직 **주**의 말씀들을 듣지 못하는 기근이니라. (암 8:11)

2) 하나님에 관하여

> 유일하심

이스라엘의 왕인 **주**, 곧 만군의 **주**인 그의 구속주가 이같이 말하노라. 나는 처음이요 나는 마지막이라. 나 외에 다른 하나님이 없느니라. (사 44:6)

> 영원하신 창조주이심

너는 알지 못하였느냐? 영원하신 하나님, **주**, 곧 땅 끝들의 창조주는 피곤치 아니하시며, 곤비치 아니하신 분인 것을 너는 듣지 못하였느냐? 그의 명철은 한없이 깊으시도다. (사 40:28)

➢ 삼위일체

이는 하늘에서 증거하시는 이가 세 분이시니, 아버지와 말씀과 성령이시요, 이 세 분은 하나이심이라. (요일 5:7)

➢ 전지하심

오 깊도다, 하나님의 지혜와 지식의 부요함이여! 그 분의 심판을 어찌 헤아리며 그분의 지나간 길을 어찌 찾아내리요? (롬 11:33)

➢ 전능하심

보라, 나는 주요, 모든 육체의 하나님이라. 내게 어려워서 못 할 일이 있겠느냐? (렘 32:27)

➢ 무소부재하심

내가 주의 영으로부터 벗어나 어디로 가며 주의 면전에서 벗어나 어디로 피하리이까? 내가 하늘로 올라갈지라도 주께서는 거기 계시며 내가 지옥에 잠자리를 마련한다 하여도, 보소서, 주께서는 거기 계시나이다. (시 139:7,8)

➢ 자비로우심

그러나, 오 주여, 주께서는 긍휼이 충만하시고 은혜로우시며 오래 참으시고 자비와 진리가 풍성하신 하나님이시니 (시 86:15)

➢ 거룩하심

오히려 너희를 부르신 그분께서 거룩하신 것처럼 너희도 모든 행실에 거룩하라. 이는 기록되기를 "내가 거룩하니, 너희도 거룩하라."고 하시기 때문이니라. (벧전 1:15,16)

➢ 진실하심

하나님은 사람이 아니시니 거짓말하지 않으시며 또 사람의 아들이 아니시니 후회가 없으시도다. 그분이 말씀하신 것을 행하지 않으시랴? 또한 이르신 것을 이루지 않으시랴? (민 23:19)

➢ 신실하심

또한 그분께서 너희를 끝까지 확고하게 지키시어 우리 주 예수 그리스도의 날에 책망할 것이 없게 하시리라. 너희를 그의 아들 예수 그리스도 우리 주의 교제 안으로 부르신 하나님께서는 신실하시도다. (고전 1:8,9)

> **의로우심**

그분은 반석이시며 그분의 역사는 완벽하나니, 이는 그분의 모든 길이 공의이심이라. 그분은 진실하시고 악이 없으신 하나님이시며, 의로우시고 정직하시도다. (신 32:4)

> **사랑이심**

여기에 사랑이 있으니, 우리가 하나님을 사랑한 것이 아니요 그분이 우리를 사랑하시고 그의 아들을 우리 죄들을 위하여 화목제물로 보내신 것이라. (요일 4:10)

> **질투하심**

너는 다른 신을 경배하지 말지니 그 이름이 질투인 주는 질투하는 하나님임이니라. (출 34:14)

3) 예수님에 관하여

> **동정녀 탄생**

그러므로 주께서 친히 한 표적을 너희에게 주시리라. 보라, 한 처녀가 임신하여 한 아들을 낳으리니 그의 이름을 임마누엘이라 하리라. (사 7:14)

> **신성**

태초에 말씀이 계셨고, 그 말씀이 하나님과 함께 계셨으니, 그 말씀은 하나님이셨느니라. (요 1:1)

경건의 신비는 논쟁의 여지없이 위대하도다. 하나님께서는 육신으로 나타나셨고 성령으로 의롭게 되셨으며, 천사들에게 보이셨고 이방인들에게 전파되셨으며, 세상에서 믿은 바 되셨고 영광 가운데로 들려 올라가셨음이라. (딤전 3:16)

> **동일하심**

예수 그리스도는 어제나 오늘이나 영원토록 동일하시니라. (히 13:8)

> **인성**

하나님은 한 분이시요, 하나님과 사람 사이에 중보자도 한 분이시니, 곧 사람이신 그리스도 예수시라. (딤전 2:5)

> **무죄하심**

이는 우리의 대제사장은 우리의 연약함을 동정할 수 없는 분이 아니요, 모든 점에서 우리와 마찬가지로 시험을 받으셨지만 죄는 없으신 분이기 때문이라. (히 4:15)

➢ 희생

진실로 진실로 내가 너희에게 말하노니, 한 알의 밀이 땅에 떨어져 죽지 아니하면 한 알 그대로 남아 있지만 죽으면 많은 열매를 맺느니라. (요 12:24)

➢ 부활

예수께서는 우리의 범죄함을 인하여 드려지셨고 우리의 의롭게 하심을 위하여 다시 일으켜지셨느니라. (롬 4:25)

➢ 우리를 위해 죄가 되심

하나님께서 죄를 알지도 못하는 그를 우리를 위하여 죄로 삼으신 것은 우리로 하여금 그 안에서 하나님의 의가 되게 하려 하심이라. (고후 5:21)

➢ 우리를 위해 가난하게 되심

너희가 우리 주 예수 그리스도의 은혜를 알거니와 부요하신 분이 너희를 위하여 가난하게 되신 것은 그의 가난함으로 인하여 너희를 부요하게 되도록 하심이라. (고후 8:9)

➢ 대제사장이 되심

그러므로 하늘의 부르심에 참여하는 거룩한 형제들아, 우리의 고백하는 바 사도이며 대제사장이신 그리스도 예수를 깊이 생각하라. (히 3:1)

➢ 교회의 머리가 되심

그는 몸인 교회의 머리시라. 그는 시작이시며 죽은 자들로부터 첫 번째로 나셨으니 이는 그가 만물 안에서 으뜸이 되려 하심이라. (골 1:18)

➢ 교회를 위한 다시 오심

내가 가서 너희를 위하여 처소를 마련하면 다시 와서 너희를 내게로 영접하여 내가 있는 그곳에 너희도 있게 하리라. (요 14:3)

➢ 지상 재림

자기 때가 되면 주께서 나타나시리니 그분은 복되시고 유일하신 통치자시요, 만왕의 왕이시며 만주의 주시라. (딤전 6:15)

➢ 예수 그리스도의 통치

그 후에 일곱째 천사가 나팔을 부니, 하늘에서 큰 음성들이 있어 말하기를 "이 세상의 나라들이 우리 주와 그의 그리스도의 왕국들이 되어서 그분이 영원무궁토록 통치하시리라."고 하더라. (계 11:15)

4) 성령님에 관하여

➢ 성령님의 신성

이제 주는 그 영이시니 주의 영이 계신 곳에는 자유가 있느니라. (고후 3:17)

➢ 위로자이신 성령님

또 내가 아버지께 기도하겠고, 그분께서 또 다른 위로자를 너희에게 주시리니 그가 너희와 함께 영원히 거하시리라. (요 14:16)

➢ 성령님의 인치심

하나님의 거룩한 영을 슬프게 하지 말라. 너희가 그로 인해 구속의 날까지 인치심을 받았느니라. (엡 4:30)

➢ 성령님의 내주

진리의 영인 그를 세상은 영접할 수 없으니 이는 세상이 그를 보지도 못하며 또한 알지 못하기 때문이라. 그러나 너희는 그를 아나니 이는 그가 너희와 함께 거하시며 또 너희 안에 계실 것임이라. (요 14:17)

➢ 성령님의 중보

이와 같이 성령께서도 우리의 연약함을 도우시나니 이는 우리가 마땅히 기도해야 할 것을 알지 못하나 성령께서 친히 말할 수 없는 신음으로 우리를 위하여 중보하시기 때문이라. (롬 8:26)

➢ 죄인들에 대한 사역

그분이 오시면 죄에 대하여, 의에 대하여, 심판에 대하여 세상을 책망하시리라. (요 16:8)

➢ 진리로 인도하심

그러나 진리의 영이신 그분이 오시면 너희를 모든 진리로 인도하시리라. 그분은 자신에 관하여 말씀하지 아니하시며, 무엇이나 들은 것을 말씀하실 것이요, 또 너희에게 다가올 일들을 알려 주시리라. (요 16:13)

➢ 성령 침례

유대인이나 이방인이나, 종이나 자유인이나 한 성령에 의하여 우리 모두가 한 몸 안으로 침례를 받았으며 또 모두가 한 성령 안으로 마시게 되었느니라. (고전 12:13)

➢ 성령님과 육신

내가 이것을 말하노니 성령 안에서 행하라. 그리하면 너희는 육신의 정욕을 이루지 아니하리라. 육신은 성령을 거슬러 욕심을 부리며 성령은 육신을 거스르나니 이들은 서로 반목하여서 너희가 하고자 하는 것을 하지 못하게 하느니라. (갈 5:16,17)

➢ 성령님의 능력

그러나 성령께서 너희에게 임하시면 너희가 능력을 받으리니 그러면 예루살렘과 온 유대와 사마리아와 땅 끝까지 이르러 내게 증인이 되리라. (행 1:8)

➢ 성령의 열매

그러나 성령의 열매는 사랑과 기쁨과 화평과 오래 참음과 친절과 선함과 믿음과 온유와 절제니 그러한 것을 반대할 법이 없느니라. (갈 5:22,23)

➢ 성령님의 인도

무릇 하나님의 영으로 인도함을 받는 이들은 곧 하나님의 아들들이니라. (롬 8:14)

➢ 성령님을 따르는 삶

항상 기뻐하라. 쉬지 말고 기도하라. 모든 일에 감사하라. 이것은 그리스도 예수 안에서 너희에 관한 하나님의 뜻이니라. (살전 5:16-18)

➢ 소멸하지 말라

성령을 소멸하지 말라. 예언을 멸시하지 말라. 모든 일을 시험하여 보고 선한 것을 굳게 붙잡으라. 악은 어떤 형태이든지 피하라. (살전 5:19-22)

5) 예언에 관하여

➢ 교회 시대의 끝, 배교

이제 성령께서 분명히 말씀하시나니, 마지막 때에 어떤 자들이 믿음에서 떠나 미혹하는 영들과 마귀들의 교리들을 따르리라. (딤전 4:1)

➢ 성도들의 휴거

보라, 내가 너희에게 한 가지 신비를 말하노니 우리가 다 잠잘 것이 아니요 오히려 우리가 모두 변화될 것이니 마지막 나팔 소리에 눈깜짝하는 순간에 그러하리라. 나팔 소리가 나면 죽은 자들이 썩지 아니하는 몸으로 일으켜지며 우리도 변화되리라. (고전 15:51,52)

➢ 그리스도의 심판석

그런데 너는 어찌하여 네 형제를 판단하느냐? 어찌하여 네 형제를 업신여기느냐? 우리가 모두 그리스도의 심판석 앞에 서리라. (롬 14:10)

➢ 적그리스도

아무도 어떤 모양으로든지 너희를 미혹하지 못하게 하라. 이는 먼저 배교하는 일이 이르지 않고, 또 그 죄의 사람 곧 멸망의 아들이 나타나지 않고서는 그 날이 오지 아니함이라. 그는 대적하는 자며, 또 하나님이라고 불리는 모든 것과 숭배받는 대상 위에 자신을 높여 하나님의 성전에 앉아 하나님처럼 보여 자신을 하나님이라고 하느니라. (살후 2:3,4)

➢ 대환란

이는 그때에 대환란이 있으리니, 그와 같은 것은 세상이 시작된 이후로 지금까지 없었으며, 또 결코 없을 것이기 때문이라. (마 24:21)

➢ 어린양의 혼인식

기뻐하고 즐거워하며 그분께 존귀를 돌리세. 이는 어린양의 혼인식이 다가왔고 그의 아내도 자산을 예비하였음이라. (계 19:7)

➢ 예수님의 지상 재림

보라, 그가 구름들과 함께 오시리니, 모든 눈이 그를 볼 것이며, 그를 찌른 자들도 볼 것이요, 또한 땅의 모든 족속이 그로 인하여 애곡하리라. 그대로 되리로다. 아멘. (계 1:7)

➢ 아마겟돈 전쟁

또 내가 하늘이 열린 것을 보니 흰 말이 보이더라. 그 위에 앉으신 분은 신실과 진실이라 불리며 의로 심판하고 싸우시더라. (계 19:11)

➢ 민족들의 심판

인자가 그의 영광 중에 오고, 또 모든 거룩한 천사들이 그와 함께 오면 그때에 그가 그의 영광의 보좌에 앉으리니 그 앞에 모든 민족들을 모아 놓고 마치 목자가 양들을 염소들에서 갈라놓듯이 그들을 따로 갈라놓으리라. (마 25:31,32)

➢ 천년왕국

첫 번째 부활에 참여하는 자는 복되고 거룩하도다. 둘째 사망이 그들을 다스리는 권세가 없고, 오히려 그들이 하나님과 그리스도의 제사장들이 되어 천 년 동안 그와 함께 통치하리라. (계 20:6)

➢ 사탄의 마지막 반란

그들을 미혹하던 마귀가 불과 유황 못에 던져지니 그곳에는 그 짐승과 거짓 선지자도 있어 영원무궁토록 밤낮 고통을 받으리라. (계 20:10)

➢ 큰 백보좌 심판

또 내가 큰 백보좌와 그 위에 앉으신 분을 보니, 그의 면전에서 땅과 하늘이 사라졌고 그들의 설 자리도 보이지 않더라. (계 20:11)

➢ 영원 - 새 하늘과 새 땅

또 내가 새 하늘과 새 땅을 보니, 처음 하늘과 처음 땅은 사라지고, 바다도 더 이상 있지 아니하더라. (계 21:1)

➢ 영원 - 새 예루살렘

나 요한은 거룩한 도성 새 예루살렘이 하나님께로부터 하늘에서 내려오는 것을 보았는데 마치 신부가 자기 남편을 위하여 단장한 것같이 예비되었더라. (계 21:2)

➢ 신실하게 섬기며 기다리라

우리 주 예수 그리스도께서 나타나실 때까지 흠 없고 책망받을 것도 없이 이 명령을 지키라. 자기 때가 되면 주께서 나타나시리니 그분은 복되시고 유일하신 통치자시요, 만왕의 왕이시며 만주의 주시라. 오직 그분만이 불멸하시며, 어떤 사람도 접근할 수 없는 빛 가운데 거하시며, 어떤 사람도 보지 못하였고 또 볼 수도 없는 분이시니, 그분께 영원한 존귀와 능력이 있기를 원하노라. 아멘. (딤전 6:14-16)

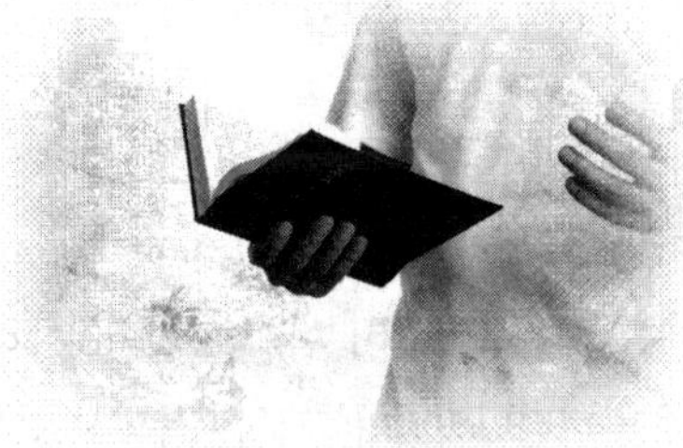

부 록

1) 시편 1편
2) 시편 23편
3) 시편 119편 발췌

시편 1편

1복 있는 사람은 악인들의 간계를 따르지 아니하며,
죄인들의 길에 서지 아니하며, 조롱하는 자들의 자리에
앉지 아니하는도다.

2그의 즐거움이 주의 법에 있으니, 그가 주의 법을
주야로 묵상하는도다.

3그는 강가에 심겨진 나무 같아서 계절을 따라 열매
를 맺으며, 그의 잎사귀도 마르지 아니하리니, 그가 무
엇을 하든지 번성하리로다.

4악인들은 그렇지 아니하니, 바람에 날리는 쭉정이와
같도다.

5그러므로 악인들은 심판을 견디지 못하며 죄인들은
의인들의 회중에 들지 못하리니,

6이는 의인들의 길은 주께서 아시나 악인들의 길은
망할 것이기 때문이라.

시편 23편

1주는 나의 목자시니, 내가 부족한 것이 없으리로다.

2그가 나를 푸른 초장에 눕게 하시며 잔잔한 물가로
나를 인도하시는도다.

3그가 내 혼을 소생시키시고 그의 이름을 위하여 의
의 길들로 나를 인도하시는도다.

4정녕, 내가 죽음의 그림자의 골짜기를 지날지라도
악을 두려워하지 않으리니 이는 주께서 나와 함께 계심
이요, 주의 막대기와 주의 지팡이가 나를 위로하심이라.

5주께서 내 원수들의 면전에서 내 앞에 식탁을 마련
하시나이다. 주께서 내 머리에 기름으로 부으시니 내
잔이 넘치나이다.

6진실로 선하심과 자비하심이 내 생애의 모든 날 동
안 나를 따르리니 내가 주의 전에 영원히 거하리로다.

시편 119편

11주의 말씀을 내 마음에 간직하였으니 이는 내가 주
께 범죄치 아니하려 함이니이다.

72주의 입의 법이 내게는 수천의 금과 은보다 낫나이다.

89오 주여, 주의 말씀은 영원히 하늘에 세워졌나이다.

97오, 내가 얼마나 주의 법을 사랑하는지요! 그것이
종일 나의 묵상이 되나이다.

103주의 말씀들이 내 입맛에 어찌 그리 단지요! 정녕,
내 입에 꿀보다 더 다니이다.

140주의 말씀이 매우 순수하므로 주의 종이 그것을 사
랑하나이다.

147내가 아침이 동터오기 전에 일어나 부르짖었으니
내가 주의 말씀을 바랐나이다.

148내가 주의 말씀을 묵상하려고 내 눈이 밤의 경점
들 전에 깨나이다.

성경대로 믿는 사람들을 위한

주제별 암송 구절

2016년 5월 30일 초판1쇄
2023년 4월 12일 초판3쇄
지은이 / 편 집 부
펴낸이 / 말씀보존학회
펴낸곳 / 말씀보존학회
등록 / 제409-2022-000036호
주소 / 서울 강서우체국 사서함 90호
전화 / (02) 2665-3743 · 팩스 / (02) 2665-3302
인터넷 / www.biblemaster.co.kr

잘못된 책은 바꿔드립니다.

값 2,000원